Dieses Buch gehört

……………………………………

……………………………………

Erzähl mir die Welt

DiNOSAURiER

Uralte Geschichten

Babette Pribbenow

SOPHIE Verlag

INHALT

DIE BUNTE WELT DER DINOSAURIER

Dinosaurier lebten vor langer Zeit. Die Erde sah damals noch ganz anders aus.

Dinosaurier bedeutet „schreckliche Echse“. Aber nicht alle sind so furchterregend wie der *T-rex*.

Saurier gab es überall auf der Welt.
Die auf dem Land lebenden nannte man
Dinosaurier.
Im Meer tummelten sich die
Meeressaurier.
Die **Flugsaurier** konnten fliegen.

Einige Dinosaurier sind riesig,
andere klein.
Manche haben schuppige Haut,
andere haben Federn.
Dinosaurier können bunt gefärbt
oder einfarbig sein.

Es gibt Saurier, die auf vier Beinen laufen.
Andere bewegen sich aufrecht fort.
Beim *T-rex* wachsen die Zähne immer wieder nach.
Der *Deinocheirus* hat nicht einmal welche.

ERSTE DINOSAURIER

Wenn die Sonne aufgeht, beginnt die *Plateosaurier*-Herde zu fressen.

Ihre Nahrung sind Pflanzen.
Mit ihren langen Hälsen kommen
sie auch an hohe Palmfarne.
Sie haben große, nützliche
Daumenkrallen.
Damit greifen sie nach Zweigen
und ziehen diese zum Maul.

Plateosaurier gehören zu den ältesten Dinosauriern. Sie lebten zur Trias-Zeit vor mehr als 200 Millionen Jahren.

Bei Gefahr flüchtet die *Plateosaurier*-Gruppe.
Die Tiere laufen auf den Hinterbeinen, die doppelt so lang sind wie ihre Vorderbeine.

Sie können nicht rennen.
Um schnell zu sein,
machen sie viele kleine Schritte.
Der lange Schwanz hilft ihnen,
das Gleichgewicht zu halten.

LEICHT – ABER GEFÄHRLICH!

Ungefähr zur gleichen Zeit
wie die *Plateosaurier* leben auch
Raubsaurier wie *Coelophysis*.
Sie fressen andere Tiere:
Libellen, kleinere Dinosaurier, Reptilien
und erste Säugetiere.

Auch bei schlechtem Wetter jagt
die Gruppe der *Coelophysis*
der Beute hinterher.
Ihre langen Hälse wippen auf und ab
und ihren guten Augen entgeht nichts.

Coelophysis ist ein ausgezeichneter Jäger.
Er ist nämlich sehr leicht,
denn seine Knochen sind innen hohl.
Dadurch kann er auf seinen Hinterbeinen
sehr schnell laufen und ist äußerst wendig!

In seinem langen Maul sitzen
scharfe Zähne,
mit denen er die Beute schnappt.
Er kann dazu aber auch seine Hände
benutzen. An den Händen sind
drei lange Finger mit Krallen.

SAURIER IM WASSER

Der riesige *Nothosaurus* hat sich den Bauch mit Fischen vollgeschlagen. Er selbst hat keine Feinde im Wasser. Nun ist er auf dem Weg ans Ufer.

Dort wird er an Land gehen,
Sauerstoff atmen und sich
ausruhen.
Dieser Meeressaurier ist ein
sehr geschickter Schwimmer.
An Land kann er aber nur
schwerfällig laufen.

Shonisaurus gehört zu den Fischsauriern.
Diese sind perfekt an das Leben im
Wasser angepasst.
Auch wenn sie, wie der *Nothosaurus*,
Luft zum Atmen brauchen.

Das Weibchen hat sich in flaches Wasser begeben.
Sie wird gleich ihre Jungen lebend direkt unter der Wasseroberfläche zur Welt bringen.
Denn mit ihren Flossen kann sie nicht an Land gehen.

Welcher Umriss gehört zu welchem Skelett?

Archäologen-Rätsel

Lösung: 1G, 2F, 3I, 4H, 5A, 6B, 7D, 8E, 9C

Was ist richtig?

Teste dein Dino-Wissen.

1. Der *Deinocheirus* …

- ☐ … ist besonders winzig.
- ☐ … hat keine Zähne.
- ☐ … kann die Uhr lesen.

2. Der *Nothosaurus* …

- ☐ … kann an Land gehen.
- ☐ … kann mit Messer und Gabel essen.
- ☐ … kann besonders hoch fliegen.

3 X 1 = ?

3. Der *Archaeopteryx* …

- ☐ … ist besonders gut im Rechnen.
- ☐ … kann sehr tief tauchen.
- ☐ … hat Federn.

1 X 2 = ?

4. Der *Tyrannosaurus rex* …

- ☐ … kann Klavier spielen.
- ☐ … ist ein gefährlicher Jäger.
- ☐ … hat nur zwei Flossen.

Lösung:
1. Der *Deinocheirus* hat keine Zähne (Seite 6). 2. Der *Nothosaurus* kann an Land gehen (Seite 17).
3. Der *Archaeopteryx* hat Federn (Seite 22). 4. Der *Tyrannosaurus rex* ist ein gefährlicher Jäger (Seite 34).

EIN SAURIER, DER FLIEGEN KANN

Stolz breitet
der *Archaeopteryx*
seine prächtigen,
dunklen Flügel aus.

Er kann damit andere
beeindrucken.
Schön warm halten
ihn die Federn auch.

Von oben herab schaut der *Archaeopteryx* auf die anderen Raubsaurier auf dem Boden.
Mit ihren Vorderbeinen können sie nicht fliegen.

Archaeopteryx hat Merkmale sowohl von Sauriern als auch von den heutigen Vögeln. Vögel sind die Nachfahren der Dinosaurier.

Zugegeben, er kommt nicht besonders hoch in die Luft. Aber es reicht, um seinen Feinden zu entwischen. Oder um von Insel zu Insel zu fliegen.

KLEINER RÄUBER UND KLEINE BEUTE

Der *Protoceratops* ist auf der Suche nach ein paar Pflanzen zum Fressen. Er bemerkt seinen schlimmsten Feind nicht, der sich anschleicht.

Der *Velociraptor* hat mit
seinen guten, nach vorn
gerichteten Augen
die Beute erspäht.
Er ist ein schneller Räuber.
Der *Protoceratops* hat
keine Chance zu entkommen.

Es entbrennt ein heftiger Kampf!
Der Nackenschild des *Protoceratops* schützt ihn vor der großen Sichelkralle des *Velociraptors*.
Und mit seinem starken Gebiss hält er den Flügel seines Feindes fest.

Aber der *Velociraptor* beißt mit seinen vielen scharfen Zähnen zu. Millionen Jahre später werden in der Mongolei die Knochen der beiden Tiere in dieser Stellung entdeckt. Was hat damals ihren Kampf beendet?

DINOSAURIER MIT FAMILIENSINN

Aufmerksam beobachtet
das *Maiasaura*-Weibchen
die vielen Eier in ihrem Nest.
Ihre Jungen werden bald schlüpfen.
Wie die anderen *Maiasaura*
in ihrer Herde, hat sie das große Nest
aus Schlamm und Erde gebaut.

Maiasaura bedeutet „Gute-Mutter-Echse“.
Sie gehören zu den Entenschnabeldinosauriern.

Das Weibchen ist zu schwer,
um die Eier zu wärmen.
Daher hat sie diese mit Pflanzen
und Erde bedeckt.

Die Weibchen einer Herde bauen ihre Nester nahe beieinander. Das nennt man Brutkolonie.

Endlich ist es soweit!
Die Jungen befreien sich aus ihren Eiern.
Sie werden noch für eine Weile im Nest bleiben und gefüttert werden.
Das ist sicherer. Zusätzlichen Schutz bietet die große Herde.

DREI HÖRNER GEGEN *T-REX*

Der *Tyrannosaurus rex* ist
ein gefürchteter Fleischfresser.
Seine Zähne sind so lang
und scharf wie Messer.

Auch *Triceratops* gehört zu seiner Beute.
Als Pflanzenfresser hat er nur
einen scharfkantigen Schnabel.
Zum Schutz besitzt er aber
einen großen Nackenschild sowie
drei Hörner auf dem riesigen Kopf.

Der *T-rex* hat einem unerfahrenen *Triceratops* aufgelauert.
Gerade will er sich auf ihn stürzen, um die Beute mit seinen kräftigen Armen zu packen.

Da tauchen noch drei weitere Jungtiere auf. Unschlüssig bleibt der große Jäger stehen. Mit den langen, spitzen Hörnern können die *Triceratops* ihn schwer verletzen. Wird er es trotzdem wagen, die Gruppe anzugreifen?

Wie bunt sind deine Dinos?

Male die Dinosaurier farbig an.

SCHNELLER JÄGER

Compsognathus gehört zu
den kleinsten Dinosauriern,
die es je gab.
Er ist nur so groß wie ein Truthahn.
Aber dafür ist er schnell!

Das Tier erreicht eine Geschwindigkeit
von 60 km/h.
Das ist schneller, als ein Auto
in der Stadt fahren darf.
Und seinen großen Augen
entgeht keine Beute.

Der *Compsognathus* jagt über den Strand, seinem Lieblingsfressen hinterher. Die Eidechse ist schnell und will sich verstecken.

Aber der schlanke Jäger
lässt sich nicht abschütteln.
Jetzt hat er die Beute erwischt.
Er schlingt sie mit einem
einzigen Bissen hinunter.

FRIEDFERTIGE RIESEN

Diplodocus ist ein Gigant.
Er ist ungefähr so lang wie
der Wagen eines ICE.
Die Vorderbeine sind niedriger
als die Hinterbeine.
Deswegen kann er seinen langen
Hals nicht hoch in die Luft heben.

Sein Schwanz sieht aus wie eine lange Peitsche. Wenn es nötig ist, kann er ihn zur Verteidigung nutzen. Als Pflanzenfresser greift er niemanden an.

Sauropoden waren eine weitverbreitete Gruppe pflanzenfressender Dinosaurier. Sie gehörten zu den größten Landbewohnern, die es je gab.

Neben *Diplodocus* gibt es
noch weitere riesige Sauropoden.
Brachiosaurus ähnelt mit seinen hohen
Vorderbeinen und seinem langen Hals
einer Giraffe.
Er kann diesen auch heben und
kommt mit dem kleinen Kopf
so gut an hohe Bäume heran.

Er ist fast nur mit
Fressen beschäftigt,
denn er braucht
bis zu 200 kg Nahrung
am Tag.
Das ist etwa so viel,
wie ein Pony wiegt.

Die *Apatosaurus*-Herde ist unterwegs
auf der Suche nach einer Wasserstelle.
Sie gehen gemächlich und rupfen
zwischendurch ein paar Zweige ab.

Die mächtigen Tiere
können nicht schnell laufen.
Nur ihre Größe schützt sie
vor den Raubsauriern.

KAMPF DER GIGANTEN

Der junge *Allosaurus* reißt kampfbereit sein Maul auf.

Er kann seinen Kiefer
sehr weit öffnen.
Dann kommen viele
scharfe Sägezähne
zum Vorschein.

Er hat einen *Stegosaurus* entdeckt.
Auf seinem gewölbten Rücken,
türmen sich große Knochenplatten.

Dagegen wirkt der Kopf winzig.
Sein Gehirn ist so groß wie
eine Streichholzschachtel.

Als ein weiterer Räuber
auftaucht, geht der *Allosaurus*
zum Angriff über.
Hungrig stürzt er sich
auf die Beute.
Aber er ist unerfahren und
beißt in eine Knochenplatte.

Der *Stegosaurus* schlägt mit seinem Schwanz nach dem Feind. Die Stacheln verursachen eine tiefe Wunde in dessen Seite. Der *Allosaurus* zieht sich verletzt zurück.

Welcher Dino bist du?

Verbinde deinen Geburtsmonat mit dem entsprechenden Dinosaurier.

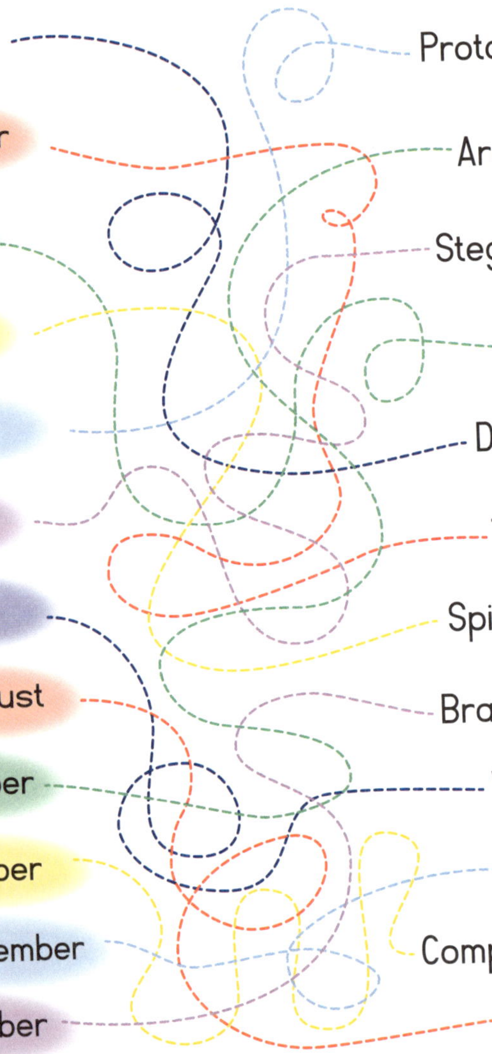

Januar	Protoceratops
Februar	Archaeopteryx
März	Stegosaurus
April	T-rex
Mai	Diplodocus
Juni	Triceratops
Juli	Spinosaurus
August	Brachiosaurus
September	Velociraptor
Oktober	Nothosaurus
November	Compsognathus
Dezember	Allosaurus

Knochenpuzzle

Dem Skelett fehlen noch ein paar Knochen.
Kreuze die passenden Teile an.

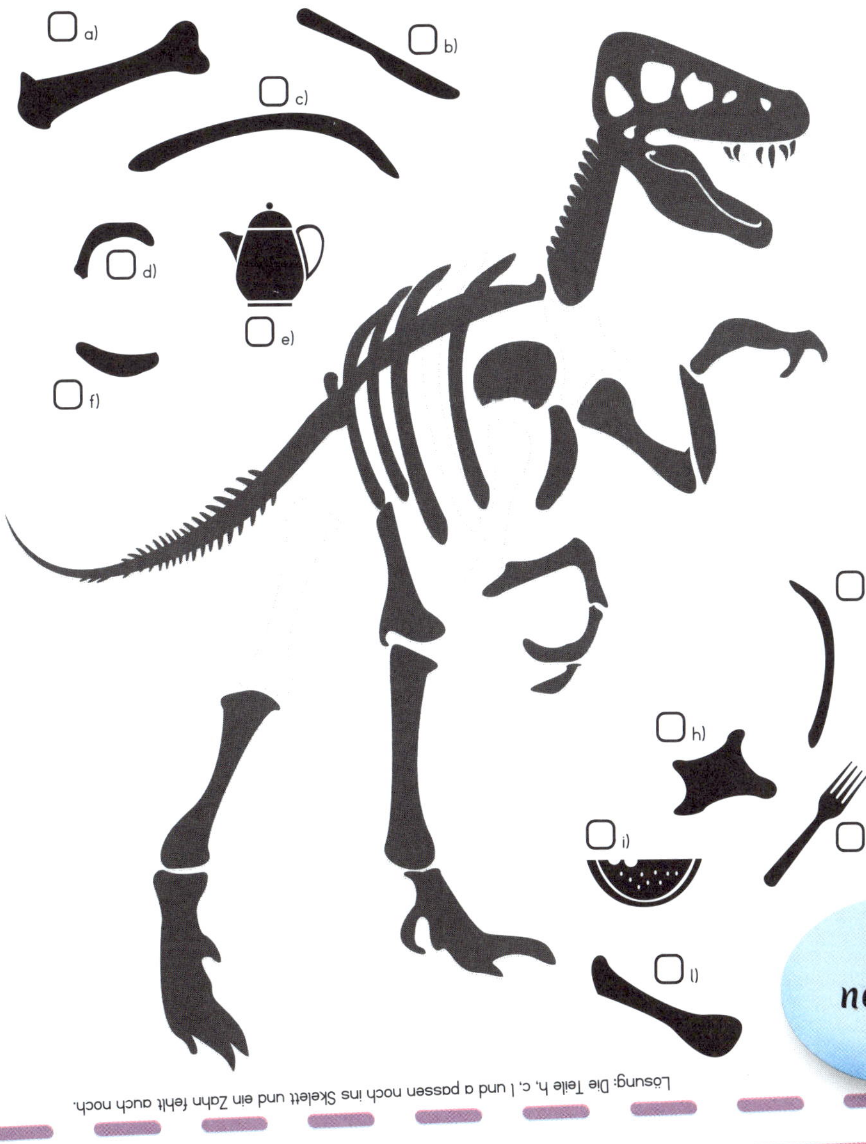

Fehlt noch ein Teil?

Lösung: Die Teile h, c, l und a passen noch ins Skelett und ein Zahn fehlt auch noch.

MIT SEGEL UND KAMM

Der riesige *Spinosaurus* ist zu seiner Zeit an Land und zu Wasser gefürchtet! Mit dem großen Segel auf dem Rücken wirkt der Raubsaurier noch gewaltiger. Der längliche Schädel und die spitzen Zähne sehen aus wie bei einem Krokodil.

Im Wasser fängt er stehend oder schwimmend Fische. In Ufernähe erbeutet er andere Tiere.

Der *Parasaurolophus*
entdeckt in der Ferne
eine Gefahr, denn
er hat gute Augen.

Erschrocken stößt er
einen lauten, tiefen Ton
aus, der sich wie
ein Nebelhorn anhört.
Damit warnt er seine Herde.

Der Kamm auf seinem Kopf
besteht aus ungewöhnlichen
Knochen.

Die Funktion des Kamms war lange unklar. Heute nimmt man an, dass sich die Tiere daran erkennen sowie Töne erzeugen konnten.

Hohle Röhren laufen von seinen Nasenlöchern über den Kopf und wieder zurück.

So kann *Parasaurolophus* wie mit einem Musikinstrument laute Töne erzeugen.

DAS ENDE DER DINOSAURIER

Vor 66 Millionen Jahren stürzte ein
gigantischer Asteroid auf die Erde.
Das löste eine lang anhaltende
Katastrophe aus, die die Welt veränderte.

Es wurde eisig kalt.
Das führte nach und nach dazu, dass
zahlreiche Tiere und Pflanzen ausstarben.
Darunter auch die Dinosaurier.
Viele kleine Säugetiere hingegen überlebten.
Aus ihnen entwickelten sich
im Verlauf der Zeit die Säugetiere,
die heute die Welt bevölkern.

Bildnachweis

Franco Tempesta, Loreto: alle Dinosaurier
Alberto Stefani, Carrè: S. 20-21, 39, 56-57 Sprechblasen, Stifte
Ferruccio Cucchiarini, Apecchio: S.6, 60 Pflanzendeco, S. 22-23 u. 24-25 Hintergrund

Wikipedia: S. 30 Nest D. gordon E. Robertson

Shutterstock.com: S. 7 Hintergrund Andrey_Kuzmin; S. 10-11 Hintergrund Vyshnivskyy; S. 14 Hintergrund Daniel Eskridge; S. 15 Echse AnnstasAg; S. 16-17 Hintergrund Andrey_Kuzmin; S. 18-19 Hintergrund satit sewtiw; S. 20 Dinosaurier Gluiki; S. 21 Uhr Irin Fierce, Besteck Wise ant, Klaviertasten Prostokvashino, Pfotenabdrücke vesta2k; S. 26-27 Hintergrund Vyshnivskyy; S. 30-31, 47, 50, 52-53, 60-61 Sand xpixel; 38-39 Dinos Milena Sabeva; S38-39 Eier klyaksun; S. 40-41 Pflanzen Chansom Pantip; S. 57 Skelett Magura; S. 58-59 Lost_in_the_Midwest

Text: Babette Pribbenow
Lektorat: Silvia Schröer
Illustrationen: Franco Tempesta, Loreto
Cover Layout: Raffaele Anello, Berlin
Layout-Konzeption: Luca Caratozzolo, Berlin
Projektkoordination und -abwicklung: Editors Genie | Udo Rehmann, Feldafing
Druck und Bindung: Neografia, a.s., Martin-Priekopa
Printed in: Slovakia

FSC www.fsc.org MIX Papier aus verantwortungsvollen Quellen FSC® C020353

ISBN: 978-3-96808-014-7

Nachdruck	Druckjahr
5 4 3 2 1	2025 2024 2023 2022